Ruh-E-Zindagi

Shweta Khanna Bhandral

BookLeaf Publishing

India | USA | UK

Presentation by *BookLeaf Publishing*

Web: www.bookleafpub.com

E-mail: info@bookleafpub.com

ISBN:9789360947200

First edition 2024

DEDICATION

I dedicate this book to my Mother, who always stood by me in the thick and thin of my life.

ACKNOWLEDGEMENT

I thank my daughter and husband for being supportive and understanding throughout my journey.

PREFACE

अब तक ये मेरे विचार मेरे थे, असल में पत्रकारिता की सीख, कि एक रिपोर्टर को कभी अपनी राय नहीं देनी चाहिए सिर्फ तथ्य बताने और उन पर बात करनी चाहिए, को मैंने बहुत ही संजीदगी से लिया। लेकिन अब उम्र पैंतालीस पार हो चुकी है, और रिपोर्टिंग छूट चुकी है, तो अपने विचारों को बांटने का मन किया। इसलिए आज ये पहली किताब लिख रही हूँ।

जीवन!

हम क्यों जी रहे हैं?
जीने की आशा लिए,
शायद कभी हालात सुधरें,
शांति का राज हो, सत्य बलवान हो

क्या ऐसा होगा?
यही प्रशन बार बार आता है,
लड़ाई, खींच-तान, युद्ध और मज़हब के नाम से
अब दिल घबराता है।

हम क्यों जी रहे हैं?
शांति की खोज में, या कामनाओं के लिए,
इच्छाओं की ओट में या ज़िंदगी के लिए,
हर पल एक बेचैनी है, फिर भी जीने की ठानी है।

हम क्यों जी रहे हैं?
यहाँ हर तरफ़ शोर ही शोर है,
अंधेरा बेहद घनघोर है,
पल में राजा, पल में रंक,
किसे पता, कब किसका हो अंत,
क्षणभंगुर इस जीवन में, संयम की हम थामे डोर हैं
बाहर हो न हो पर मन में विश्वास की एक भोर है,
हम जी रहे हैं, क्योंकि उसने हमें जीवन दिया है।

मन ज़ार-ज़ार रोता है....

ये बहार तार-तार कर जाती है,
इसके रंग ज़ार-ज़ार रुलाते हैं,
कैसे माहौल में आया है वसंत
हर गली पर चढ़ा है मातम का रंग.

फूलों की खुशबू, नफ़रत के धुएँ में गुम हुई,
इंसानियत की रूह एक बार फिर धू-धू कर जल गई,
मिटी नहीं हैं अब तक ज़हन से पिछले दंगों की तस्वीरें
इन नए ज़ख्मों के लिए जगह कहाँ बनाएं,

किससे करें सवाल, किसको कसूरवार ठहराएं,
उन्हें, जो धर्म के नशे में इंसानियत का नाश कर आए,
या उन्हें जो सत्ता के नशे में सब दांव पर लगा आए?

क्यों नहीं समझता है इंसान,
धर्मगुरुओं की भी अब क्यों बंद है ज़ुबान,
धर्म की जगह क्यों नहीं होता प्यार का गुणगान,

सब चुपचाप तमाशा देख रहे हैं,
हैवान अब खुले आम घूम रहे हैं,
ये मारने-मरने की कैसी है हवस,
किस बात पर इतना गुस्सा है,
भगवान, अल्लाह ने कब ऐसा सबक सिखाया है,
इंसान से बड़ा है धर्म ऐसा किसने बताया है,

सहमी है रूह, रो रहा है मन,
देखो कैसे माहौल में इस साल आया है वसंत।

आज़ादी

देश तो आज़ाद है मेरा..
लेकिन क्या होती है आज़ादी?
क्या आज़ाद है देश का नौजवान?
क्या आज़ाद है देश की बेटियाँ ?
क्या आज़ाद हैं हमारे सोच-विचार?
सोचिए तो ऐ जनाब आखिर कितना आज़ाद
है हिन्दोस्तान?

संविधान पर अपने गर्व है मुझको,
पर क्या वाकई हमें है "धर्म" की आज़ादी?
कानून तो सारे हैं यहाँ,
लेकिन क्या है बोलने की आज़ादी,
हक मुझे हैं सब, पर क्या मिल पाई है जात से
आज़ादी?
देश तो आज़ाद है मेरा,
लेकिन कहाँ है असली आज़ादी?

स्कूल तो गली-गली में हैं,
लेकिन क्या सबको है, पढ़ने की आज़ादी?
भूखमरी से आज़ाद नहीं हम,
न है ग़रीबी से आज़ादी,
सोच में जकड़ी आज़ादी,
न्याय के इंतज़ार में आज़ादी,
बल से दब रही आज़ादी,
देश तो आज़ाद है मेरा,
लेकिन क्या होती है आज़ादी?

कभी संस्कारों, कभी रिवाजों,
कभी रिवायतों की भेंट चढ़ती है आज़ादी,
कहीं बंधनों, कहीं ज़िम्मेदारियों के दायरों
में सिमटती रही है आज़ादी,
कभी सोच, कभी ग़म, कभी प्यार में भी
बंध रही है आज़ादी,
देश तो आज़ाद है मेरा,
लेकिन क्या होती है आज़ादी?

नीला स्कूटर

मेरा नीला स्कूटर!
हर मंज़िल तय करेंगे इसपर बैठ, ये सोच लिया था,
पूरी दिल्ली को इसपर नाप कर हमने देख लिया था,
माँ अक्सर कहती, क्यों लड़कों की तरह तुम हो उड़ती रहती,
फिर जब उसको बाज़ार की सैर कराती तो वो भी बड़ा इतराती,

सर्द हवा के झोंके मेरी गर्दन को छूकर निकलते थे,
राहों में खिले फूल मुझसे गुफ़्तगू किया करते थे,
सुबह की लाली हो, ढलती शाम या फिर गहराती रात
मेरा नीला स्कूटर हर पल था मेरे साथ,

कभी हमने साथ गिरतों को सड़क से उठाया,
कभी मवालियों को चकमा देकर इसने सलामत घर पहुंचाया,
नाईट शिफ्ट से घर जाते वक्त जब सिगनल पर लगी आँख,
तब भी इसने हमें नहीं गिराया, न कहीं ठुके, न बजे,

बस नीले स्कूटर पर सवार होकर लेते रहे ज़िंदगी के
मजे।

कई बार लंबे सफर के बाद, इसी पर बैठ कर किया
इंतज़ार,
बेझिझक और बिंदास होना भी हमें इसके साथ से ही
आया,
अजीब सी आज़ादी थी, बेख़ौफ़ था आलम, मुतमईन
थे हम,
ये उन दिनों की बात है जब नीले स्कूटर पर सवार
फिरा करते थे हम।

फिर एक दिन कुछ यूँ हुआ, दूसरे शहर में इंटरव्यू
हुआ,
नौकरी बदली, ठिकाना बदला,
नीले स्कूटर को लेकर माँ का इरादा बदला,
बोलीं स्कूटर यहीं रहने दो, तुम जाओ,
माया नगरी में जाकर अपने पाँव जमाओ,
स्कूटर का क्या है भाई चला लेगा,
वो भी थोड़े दिन नीले स्कूटर का मज़ा ले लेगा,
भाई ने एक बार नहीं दो-दो बार उसे ठोका,
खुद की भी लात तोड़ी, उसको भी दिया धोखा,
बस फिर क्या था, सबकी आँखों में खटकने लगा मेरा
नीला स्कूटर,
ये गया, वो गया बिक गया मेरा नीला स्कूटर।

घर

कितनी अजीब जगह है ये घर,
ये है तो हम नहीं भटकते दर ब दर
कभी पिता, कभी पति का होता है ये मकान,
हम खुद ही फूँकते हैं इसमें जान,
रंग-रोगन से इसे निखारते हैं,
सजावट से इसे संवारते हैं,
प्यार से सींच कर बनाते हैं ये जहान,

कितनी अजीब जगह है ये घर
इसकी आगोश में महफ़ूज़ हैं हम,
तेज़ धूप, बारिश और आंधी से दूर हैं हम,
हर मुश्किल में सर पर होती है ये छत,
हर तीज-त्यौहार पर इसमें लगती है रौनक,

कितनी अजीब जगह है ये घर
मेरा नहीं फिर भी अपना सा लगता है,
कभी-कभी तो ये सब सपना सा लगता है,
जानती हूँ, लड़कियों के खुद के घर नहीं हुआ करते,
बंधनों में बंधे ये दरो दीवार इनके सगे नहीं हुआ करते,

कौन सा घर किसका है, ये पहचानती हूँ,
अपने हक की सीमा को जानती हूँ,
कहने को सब कुछ इसमें मेरा है,
फिर भी मेरा कुछ नहीं,
सच है ये की लड़की का खुद का कोई घर नहीं।

एक घर में पैदा हुए, लेकिन वहाँ मरने का हक नहीं,
दूसरे से मर कर निकलेंगे पर वहाँ जीने के हक में है
कमी,
तभी तो कभी-कभी
ये घर नहीं, जगह लगती है,
अजीब सी यहाँ हर फ़िज़ा लगती है,
कितनी अजीब जगह है ये घर।

Mumbai Local

भीड़ में खड़े-खड़े खुद में मगन, जब कोई अचानक से
जागता है,
बड़ा मज़ा आता है, जब इंसान फ़ोन से बाहर आता है,

अपनी मंज़िल को खोजती उसकी आँखें,
खुद से सवाल करती उसकी आँखें,
नज़ारा जहाँ तक देख पाता है, खुद को गलत राह पर
पाता है।

अब भाग कर क्या मिलेगा,
अब हाँफ कर क्या मिलेगा,
फिर भी, वो एक दौड़ लगाता है,
जब भीड़ में खुद को तनहा पाता है।

सफ़र के दौरान तो कई लोग सो जाते हैं,
कमाल तो वो हैं, जो बीच सफ़र में, खुली आँख से खो
जाते हैं,

बड़ा मज़ा आता है, जब इंसान फ़ोन से बाहर आता है,
आसपास की भीड़ को देख चौंक जाता है,
बेसुध चलते-चलते होश में आता है,
मंज़िल की ओर नज़र डाल, दो कदम आगे, तो दो
कदम पीछे लेता है
सामने से निकलती गाड़ी को देख मायूस भी होता है,
फिर एक बार गरदन उठा आसमान की ओर देखता है,
अगली गाड़ी ज्यों ही आती है, उसके चेहरे से शिकन
हट जाती है।

गुमसुम राहगीर हो, या अपने में गुम खुशनुमा कोई,
रास्ते की नब्ज़ को वही पकड़ पाता है,
जो जोश में होश के साथ आगे बढ़ता जाता है।

22 मार्च 2020

न भीड़ है, न शोर है
न कहीं भागने की होड़ है
सो गईं हैं सड़कें, हर मंज़र ठहर गया है
इस हर पल जागते शहर का हर रास्ता सो गया है।

एक दूसरे से बढ़े फ़ासले, की खुद से अब करीब आएँ
ज़िंदगी की इस रेस में ज़रा सोचें और थोड़ा ठहर जाएँ,
बाहर कि दुनिया ढक गई है, ताकी अपनी दुनिया देख
पाएँ,
प्रकृति से भी दूर हुए ताकि उसको अब न सताएँ,
चिड़ियों की चहचहाहट सुनें और कौए की काएँ-काएँ ,
उन्मुक्त गगन में उनके बेखौफ उड़ने का, बस लुत्फ़
उठाएँ,
हर किसी को है अब अंदर बंद होना, आलीशान बंगला
हो
या झुग्गी का कोई कोना, इस वक्त बस ज़रूरी है
किस्मत का साथ होना,

खुद साथ बैठो अपने, थोड़ा परिवार का साथ दो,
ज़िंदगी के इन लमहों को यूँ हीं न गुज़ार दो,

राब्ता करो मन की गहरी गलियों से, नामुमकिन है
यहाँ किसी का खोना,
क्या चाहती है ज़िंदगी हमसे इसपर भी गौर फ़रमाएँ,
इस भीड़ में भी आज क्यों हैं तन्हा इसकी वजह तो
खोज लाएँ,

जो इस वक़्त घट रहा है, वो कोई मोजिज़ा ही है,
खुद के अंदर की आवाज़, अब कानों तक पहुंच रही है,
खुद की तलाश, अब नज़र में दिख रही है,
दूर-दूर तक पसरे इस सन्नाटे में भी सुकून की
गुंजाइश है,
न भीड़ है, न शोर है, एक अजीब सी शांति चारों ओर
है।

गुरुओं का बोल बाला

चेहरों पर चेहरे हैं, शायद इसलिए ये लोग बड़े ही गहरे हैं,
परतों में जीते हैं, जुमलों में कहते हैं,
क्या कह जाते हैं, शायद खुद भी नहीं समझ पाते हैं,

उसकी खोज में निकलो, ये ज्ञान तो वो देते हैं,
लेकिन खुद भीड़ में गुम हो जाते हैं।
इसी भीड़ को बहकाते हैं, भड़काते हैं,
फिर भीड़ को गाने भी सुनाते हैं,
अपना सारा confusion भीड़ में फैलाते हैं,
चेहरे पर चेहरे हैं, शायद इसलिए ये लोग बड़े ही गहरे हैं।

आँखों की काली पट्टी का धंधा है इनका,
गुम हुए इंसानों को कुएँ में धकेलते जाते हैं,
अपनी कला को उसकी लीला से ज़्यादा मान बैठे हैं,
मंच पर चढ़े रहते हैं, कुविचारों पर अड़े रहते हैं,
भ्रम फैला रहे हैं, खुद को गुरू मनवा रहे हैं,
अपनी पूजा भी करवा रहे हैं,
परतों में जीते हैं, जुमलों में कहते हैं,
चेहरों पर चेहरे हैं, इसलिए ये लोग बड़े ही गहरे हैं।

सही गलत की परिभाषा देते हैं,
अच्छे बुरे का भेद बताते हैं,
खुद में लेकिन झांकना भूल जाते हैं,
कोई सिद्धि नहीं है, लेकिन प्रसिद्धि चाहते हैं,
लोगों के डर पर अपना हर पासा खेल जाते हैं,
ज्ञानी-अज्ञानी सब इनके बहकावे में आते हैं,
इसी बल को ये अपना आधार बनाते हैं,
चेहरों पर चेहरे हैं इनके, इनकी गहराई भी मिथ्या है,
जागो इनको सुनने वालों, इनका नाम न बाँचो तुम,
अपने अंतर को पहचानों, इनका राग न आलापो तुम।

धुंधली सी ज़िंदगी

ज़िंदगी यूँ आँखों के आगे से गुज़र रही है,
ये किस तरह की हवा चल रही है?
रास्ते दिखते तो हैं मगर धुंधले से हैं,
बातों में कभी जोश तो है,
मगर होश अक्सर बेहोश है,

मुठ्ठी से फिसलती रेत सा समय,
तकरीरों में उलझता जा रहा है,
खाली पड़े सपनों से झगड़ता जा रहा है।
ज़िन्दगी यूँ आँखों के आगे से गुज़र रही है,
ये किस तरह की हवा चल रही है।

शांति है बाहर, मगर मन अशांत सा है,
डर नहीं है, इसमें कुछ वीरान सा है,
सर ज़मीन पर जैसे एक तूफ़ान सा है,
जिससे बच्चा-बच्चा परेशान सा है,
कुछ इस तरह की हवा चल रही है,
ज़िंदगी नम आँखों में गुज़र रही है।

मौसम बदल रहे हैं,

हल्की भीनी सर्दी ने, गर्मी को कुछ जगह दी,
फिर बहार भी आ कर चली गई,
सूरज ने भी तेज दिखाया,
समुद्र का सुकून भी थम न पाया
हम घर में यूँ ही बंद रहे,
बाहर एक तूफ़ान आया,
धुंधली सी ये ज़िंदगी, आँखों के आगे से गुज़र रही है,
न जाने ये कैसी हवा चल रही है।

तूफ़ान, बाड़, भूकंप, बीमारी, भूखमरी,
न जाने ये समय और क्या-क्या दिखाएगा
कितने गुनाहों की सज़ा साथ दिलाएगा
धरती टूट रही है, आशा छूट रही है,
इंसान का इंसान पर कच्चा सा एक भरोसा है,
बस इसी के सहारे उम्मीदों को रोका है।
वरना तो, हवा कुछ ऐसी चल रही है,
वरना ज़िंदगी तो बस आँखों के आगे से गुज़र रही है।

शाम की लाली

अजब सा लाल रंग बिखरा है आसमान में
अजब सी ये लाली है,
किसी के दिल से है निकली आग,
या है किसी कि गुलाबी शाम का आगाज़,
ये तू ही जाने...

कोई खाली जेब लिए एक गुलाब से भी खुश है,
तो कोई पूरा गुलदस्ता पा कर है बदगुमान,
तेरे मन की किस तार को छेड़ रही है ये शाम, ये तो तू
ही जाने
शाम की ये लाली तेरे लिए क्या लाई ये तो तू ही जाने,

पटरी पर धड़क-धड़क चलती इस गाड़ी की रफ़्तार,
इस शाम की ठंडी हवा के झोकों से गुलाबी होते गाल,
तू क्यों उठा रहा है इस शाम पर सवाल ये तो तू ही
जाने,

अजब सा लाल रंग समेटे, ठहरा है सारा आलम,
आसमान में हर तरफ बिखरा है गुलाल,
मौज में उड़ते शांत सफेद बादल भी हैं यहाँ,
उखड़े-उखड़े काले बादलों की टोली भी है वहाँ,

किस बादल के साथ तू चला, ये तो तू ही जाने,
किस बादल पर है तुझे इत्मिनान ये तो तू ही जाने,

हथेली भले ही आज खुश्क है,
बारिश की नमी से मगर मन भावुक है, ,
क्या ज़िंदगी के सुर्ख लमहों का हिसाब माँग रही है ये
शाम,
या ख्वाबों पर लालिमा की चादर बिछाए है ये शाम,
क्या कहें किससे कहें, दिल के सब तारों को छेड़ रही है
ये शाम,
इस शाम की लाली को देख तू क्यों है बेकरार, ये तू ही
जाने,

अजब सा लाल रंग बिखरा है आसमान में, अजब सी
गुलाबी है ये शाम।

एक

एक जीवन, एक शब्द, एक आशा, कई इच्छाएं,
कुछ उम्मीदें, एक ज़िंदगी, कई लकीरें, एक विश्वास,
एक मोहब्बत, एक जान, कुछ साँसें, कई मौतें,
एक मौसम, कई बारिशें, कुछ आँसू,
एक दिल, कुछ उलझनें, कई जवाब,
एक मंज़िल, कुछ दरिया, कई रास्ते
एक दोस्त, कुछ साथी, कई किस्से, कुछ कहानियां,
एक मन, कुछ एहसास लेकिन अपना क्या है.......
कुछ भी नहीं!

इच्छा

भँवरे ने चाहा जिस तरह कि वो हर फूल का रस पिए
अपनी भी इच्छा यही की अब ज़िंदगी खुल कर जिएं
जिस तरह है कली खिलती, उस तरह खिल जाएं हम,
अभिलाषा और आशाओं से जलाएं फिर सैंकड़ों दिए।

सुबह की हर किरण सफलता बन फूटे
आस का साथ अब कभी न छूटे
मुश्किलों का हाथ थाम, आओ किनारे तक छोड़ आएं
काँटों को गुलाब बनाकर अब हम बटोर लाएं

भय नहीं अब विश्वास हो,
ज्ञान का हर पल साथ हो,
इंद्रधनुषी पगडंडी भले ही न मिले,
पर आओ ज़िंदगी खुल कर जिएं।

राह

घर से निकले थे सोच कर एक ही बात,
चलेंगे उस राह पर जो गिरा देगी समाज की हर दीवार,
न रहेगा मज़हब, न अंधविश्वास और न बचेगा
गुब्बार,

दीवारें बहुत हैं, राह कठिन है,
तुम हौंसला न हारना, तुम रास्ता न छोड़ना
लहूलुहान होगा मन, बवंडरों की चपेट में आएगा तन,
लेकिन अपने इरादों से, खुद से किए वादों से,
इंसानियत के आड़े आती हर दीवार को गिराना है।

मंदिर, मस्जिद, गुरुद्वारा या चर्च, ये तो बस बहाने हैं
आदमी को भटकाने के, तरीके ये पुराने हैं,
पीपल बन तुमको इन इमारतों पर छाना है,
भूकंप हो तुम्हें इन पत्थरों को हिलाना है,
बेगुनाहों के खून से सींची जा रही है धरती,
तुम्हें इस ज़मीं से ये बोझ उठाना है।
बहुत दिन चुप रहे, अब हर चीख का क़र्ज़ चुकाना है।
प्यार और इंसानियत का जहाँ मोल हो,
उस राह चल के दिखाना है।

सड़क

काली सी इस सड़क के इस पार अंधेरा है,
तो उस तरफ है रोशनी
भूखमरी है इस तरफ
तो उस तरफ है ज़िंदगी खड़ी
इस तरफ है केवल प्यास,
उस तरफ हर्ष और उल्लास
यहाँ गरीबी से हताश मौत भी है रो रही
वहाँ अमीरी के शोर गुल में ज़िंदगी कहीं खो गई
किसी को मिला है धरती पर नर्क
कोई समझता है, स्वर्ग पर है केवल उसका हक
काली सी इस सड़क पर रोज़ ये चलेंगे, पर
सड़क के ये दो राही कभी नहीं मिलेंगे।

आज

अक्सर यूँ लगता है, वो बचपन के रिश्ते अच्छे थे,
वो दोस्त, वो भाई बहन तब सब सच्चे थे,
मासूमियत थी, जिगरी यारियां थीं, हर वक्त मस्ती
की तैयारियां थीं।
खुले आसमान के नीचे सिनेमा का मज़ा,
घाँस पर लेट तारामंडलों को खोजना,
पैसे नहीं थे, डर भी नहीं था,
फलों के पेड़ों पर हम थे और कच्ची पक्की डालियां
थीं।
हर काम को अंजाम तक पहुंचाने की मुहिम में गुम,
ऊंच-नीच, धर्म, परम्पराओं सबसे परे ज़िंदगी रोज़ नई
राहों से गुज़र रही थी।
इच्छाएं भी छोटी थीं, छोटी-छोटी ही खुशियां थीं।

फिर हम सब बड़े हो गए, फासले बढ़े और रास्ते अलग
हो गए,

कुछ के तेवर बदले तो हमने उन्हें छोड़ दिया, कुछ
दिल के प्यारे थे फिर भी हमसे छूट गए।
कुछ तो, नए रास्तों में कुछ दूर तक दिखे फिर वो भी
सफर के बादलों में खो गए।
सबकी अपनी ज़िंदगी बनी, सबको नए रिश्ते मिले,
एक नए आज में सब फिर महफ़ूज़ हो गए।

आज मुट्ठी हमने खोली तो हथेली पर चिपकी रेत सी
चंद यादें पाईं,
वो यादें आँखें नम कर गईं, पर होंठ पर मुस्कुराहट
बन छाईं,
जीवन में हर पल कुछ नया आना और पुराना जाना
है।
अगले पल का किसे पता है, हम सबको बस अपना
आज निभाना है।

प्यार

एक मासूम सा एहसास
एक नाज़ुक सा स्पर्श
कुछ बेमाने से शब्द
कुछ सुरीला, कुछ बेसुरा सा संगीत
कुछ ऐसी होती है प्यार से पहली मुलाकात
कभी मीठी रोटी की मिठास
कभी दूध में हल्दी के साथ
आँसुओं और चिंता में घिरा
हर पल दुआ में लिपटा, गर्व से भरा होता है प्यार

फिर एक दिन हम बड़े हो जाते हैं
प्यार हर किसी से एक सा नहीं होता ये जान जाते हैं
इसके अलग अलग रूप, नए एहसास जगाते हैं
लोगों से ही नहीं चीजों से भी जुड़ जाते हैं
अपना मैं आईने में साफ देख पाते हैं,
खुद के प्यार में हम इतना डूब जाते हैं,
फिर कुछ पल यूँ ही बीत जाते हैं।

ज़िंदगी एक नया मोड़ लेती है
प्यार के नए अंदाज़ उस मोड़ पर खड़े पाए जाते हैं,

हवाएँ चलती हैं, ज़ुल्फ़ें उड़ती हैं,
आँखें मिलती हैं, चेहरे की मुस्कान दिल के तार छेड़
जाती है
मौसम सुहाना लगता है, दिल दीवाना लगता है,
किसी को देखते ही गाना बजने लगता है
फूल, बातों और इरादों का ताना बाना सजता है
ये प्यार कुछ अलग रंग बिखेर जाता है,
खुद से आगे बढ़कर किया ये पहला प्यार ज़हन में बस
जाता है

फिर मोहब्बत जवां होती है,
कभी बेहद खुदगर्ज़, कभी बेवफा होती है,
कभी बेबाक और तो कभी बेपरवाह होती है,
कहीं, नए रिश्ते जोड़ता है प्यार,
तो कहीं, अरमान तोड़ता है प्यार,

खुशकिस्मतों को एक बार फिर बचपन की रौनक
मिलती है
अपने से ज़्यादा, उनकी मुस्कुराहट से हमारी हँसी
खिलती है,
लेकिन ये प्यार खुद से उपर उठने की सीख दे जाता है,
निस्वार्थ होने का वादा कराता है,

फिर उम्र धीरे-धीरे रवाँ होती है,
शाम शफ़क़ जब ज़िंदगी पर छाती है
तो ये प्यार के मायने ही बदल जाती है
रिश्तों से फिर उपर उठता है प्यार
अब कण-कण में बसता है प्यार।

कौन है ये?

कभी कच्चे कभी पक्के रास्तों पर चली,
एक दो ठोकर लगी, एक आद बार दिल भी टूटा,
दिन में चमकते सूरज से लड़ी,
रात में चांद की ठंडक में बही,
कभी उधड़ी सी कमीज से आती गुदगुदाती हवा सी,
तो कभी साइकल पर सवार, तीखी बारिश की बूंदों सी,
इंद्रधनुष के रंगों में कई बार इसे खोजा मैंने,
कभी पुरानी तस्वीरों में छुपी मिली,
तो कभी डायरी के पन्नों में सूखे पत्तों सी,
न जाने कहाँ गुम हो जाती है, गुमसुम सी कहीं रुक
जाती है,
कई बार है मैंने टोका इसे, गुस्सा होने से भी रोका इसे,
सहेली है मेरी मान भी जाती है,
फिर इतरा कर, मुस्कुराने की ठान भी जाती है।

पर बदमाशी इसकी खत्म नहीं होती,
अब क्या कहूं, कैसे समझाऊं
मन और दिमाग के पहियों पर सवार
इस सवारी को कहाँ-कहाँ ले जाऊं,

फूलों की खुशबू में खुश होती है,
पेड़ों की छाँव में खिल उठती है,
मिट्टी से बनी है, मिट्टी में मिलेगी,
चुनौतियों के भँवर में फिर खुद को खोज लेगी,
ढीठ भी है ये, अड़ियल भी, जो ठान लेगी वो करके
रहेगी,
किस सोच में हैं, पहचान रहे हैं कौन है ये,
मेरी तो ऐसी ही है, अगले मोड़ फिर मिलेगी,
इसी का नाम है ज़िंदगी!

आँसू

मुझसे इन आँसुओं की वजह न पूछो,
ये बिना इजाज़त ही छलक जाते हैं,
तुम्हारे साथ होने पर भी तुमसे दूर होने का गम
मनाते हैं,

इनको रोकती हूँ, समझाती हूँ,
लेकिन मन से बार-बार हार जाती हूँ,
जानती हूँ, न ये फासलों को
मिटा पाएंगे, न ज़िंदगी की कशमकश को
सुलझा पाएंगें, बस बहते जाएंगे।

मुझसे इन आँसुओं की वजह न पूछो,
ये मेरे दिल की जुबां भी न बन पाएंगे,
गलत, सही की समझ नहीं है इन्हें,
ये मेरे हाल पर बस तरस खाएंगे,
ये आँसू मेरे बस बहते जाएंगे,

खुशी में मेरे दिल का साथ निभाएंगे,
तुम्हारे साथ होने के, हर पल को ये मनाएंगे।

मुझसे इन आंसुओं की वजह न पूछो,
तुमने जो एहसास जगाएं हैं ये उनको जी रहे हैं,
दिल की हर धड़कन के साथ ये दुआ दे रहे हैं,
सिर्फ आँखों से छलका पानी नहीं है ये,

तुम्हें बुलंद परवाज़ देखने के जज़्बात हैं,
मुझसे मेरे आँसुओं की वजह न पूछो,
बहना इनकी फितरत है, ये बस बहते जाएँगे।

पहचान

एक सन्नाटा सा पसरा है
हर तरफ एक बेबसी सी है
चले थे हम अपनी पहचान बनाने
खड़े हैं आज एक नए जहां में

ये क्या है जो घट रहा है
इंसान का वजूद मुकम्मल नहीं लग रहा है
बिखरे-बिखरे ख्वाब हैं और बिखरा-बिखरा जज़्बा
हर तरफ़ अफ़रातफ़री सी है
एक बेचैनी सी है

कोई ठीक नहीं, कोई गलत भी नहीं
कोई अलग नहीं, कोई साथ भी नहीं
बेरुख़ी सी है वक्त में
खुश रहने की बात भी बेमानी सी है

कहाँ खड़े हैं कुछ पता नहीं
कहाँ को जाएंगे जानते नहीं
भटकी सी रूह
भटकी सी पहचान
भटका सा मन

खुद के अस्तित्व की खोज में
खुद ही से लड़ रहे हैं हर रोज़ में
किस पहचान को बनाए रखने की कोशिश में हैं
किस जहान को सजाए रखने की कोशिश में हैं

क्या रिश्ते समेटने से पहचान बनी रहती है?
या नाम जोड़े रखने से पहचान बनी रहती है?

नाज़ुक सी डोर है ये जीवन, इसे जीने की तू कोशिश
कर
जो घटना है वो घटेगा, ये समझने की तू कोशिश कर
किस पहचान की चाह में है मन
मिलना तो मिट्टी में है हर कण ....

दो चहरे

ज़िंदगी में हर पल कुछ छूट रहा है,
कुछ हिस्सों में दिल रोज़ टूट रहा है,
कैसा अजीब शहर है ये,
यहाँ हर कोई दो चेहरे लेकर घूम रहा है।

दिखावे कि इज्ज़त, दिखावे कि दोस्ती,
झूठा सा लग रहा है हर नया रिश्ता,
यहाँ आम है बेवफाई का किस्सा,
हर पल नए रंग दिखा रहा है ज़िंदगी का ये हिस्सा।

रिश्तों की टोह लो तो लगता है पता,
सत्ता का है खेल कहीं,
तो कहीं नाम की है इच्छा,
उम्र छोटी हो, चाहे अनुभव नया,
हर शक्स यहाँ बस खुद में है रमा।

यहाँ ज़िंदगी भाग नहीं रही,
पर होड़ यहाँ भी है,
बेफ़िक्री की, दिखावे की, पैसे की होड़
शायद इसलिए दिखते नहीं लेकिन
बेहद रूखे हैं यहाँ के लोग।

दुनिया ये काफ़ी अलग है,
पता नहीं सही है या गलत है,
आँखें यहाँ बार-बार भर आती हैं,
कभी दुख तो कभी अफसोस से भीग जाती है।

सुलझाने चले थे जिस ज़िंदगी को
उसे नए मोड़ पर खड़ा पाया है,
नए लोगों ने नए सवाल दिए हैं
राह की तलाश में, ख़ुद को और गुम पाया है,
लगता है अब यही रास्ता मंज़िल तक हमसाया है।

इश्क

धड़कनों का तेज़ होना पहली बार जाना है,
इंतज़ार की इंतहा को पहली बार पहचाना है,
मन कुछ इस तरह से हारा है,
न जाने किस मुश्किल की ओर इशारा है।

तुम्हारी खुशबू हर तरफ़ से आ रही है,
मेरी मौजूदगी तुम्हारा अक्स चाह रही है,
तुम्हारे आसपास होने से, अपने वजूद का एहसास
होता है,
अब धीरे-धीरे खुद से प्यार हो रहा है।

बात शायद न हो कुछ खास करने को,
तेरा सामने बैठना ही बहुत है साँस भरने को,
आँखों को तेरी आदत सी हो गई है,
मेरी राहों को तुम्हारी चाहत सी हो गई है,
कहाँ ले जाएगा ये दिल न जाने,
मीठी सी उलझन की आहट सी हो गई है,
तुम खुश हो तो खुश रहता है मन,

तुम्हें उदास देख, डूबती है हर धड़कन,
ज़ुबान पर कभी नहीं आएगा ये ऐसा इश्क है,
पन्नों में दबा रह जाएगा ये ऐसा इश्क है,
खुद से पूछते हैं हम ये कैसा इश्क है?
दुआ बन जाएगा ये ऐसा इश्क है।

साया

रात का धुआँ था वो,
भूला सा इक लम्हा था वो,
राह में था गिर गया,
धूल में था जा मिला,
कल मिला वो ख़्वाब में,
सो रहा था जब जग सारा,
आँखों में था भर आया,
कुछ कतरे आँसू के भी साथ लाया,
भूल गई थी मैं उसे, जिसे कभी था इतना चाहा,
कल मिला जो ख़्वाब में, वो था मेरा ही साया।

लकीरें

पेशानी पर बार-बार आती लकीरों के लिए आज फिर किसी ने टोका,
उन मुख़्तसर सी यादों को, बीच गली में रोका,
अनजान हैं वो जानते नहीं, ज़िंदगी के इस रस को पहचानते नहीं,
चिंता नहीं है कोई,
हम तो गुत्थियां सुलझा रहे हैं,
तुम्हारे सवालों से वाबस्ता जवाब तलाश रहे हैं,

पेशानी पर लकीरें, यूँ ही नहीं बनती,
ख़ुद से तकरीरें यूँ ही नहीं चलती,
कभी तुमको, कभी ख़ुद को याद दिलाते हैं हम,
टेक-बाए-टेक अपनी फ़िल्म बनाते हैं हम,
फिर कहानी एक मोड़ पर उलझ जाती है,
माथे की लकीरें फिर साफ नज़र आती हैं।

यकीन का सफर

समय हर पल समान नहीं होता,
खुद पर यकीन का सफ़र आसान नहीं होता,
कई लम्हे ऐसे आएंगे ज़िंदगी में, जिनका कोई मुकाम
नहीं होता,
यकीन उनपर करो जिन्हें तुम पर भरोसा है,

भरोसा खुद पर करो, ताकत बनता है,
सफ़र ज़िंदगी का तभी तो जहां-नुमा बनता है।
तैयार रहो पग-पग पर जंग होगी,
यकीन के सफ़र की हर राह तंग होगी,

रिश्तों के भँवर पैरों को जकड़ेंगे,
समाज के कायदे हर कदम को पकड़ेंगे,
एतबार बस खुद पर करना तुम,
प्यार भी पहले खुद से करना तुम,
सूफ़ी भी बनाएगा ये यकीन का सफर,
परवाज़ बन कर बेझिझक बढ़ना तुम।

जो साथ दें उनपर न्योछावर होना,
जो न समझें उनके लिए मत रोना,

अपनी झोली को यादों से भरना,
ग़म न करना किसी के बिछड़ने का,
हर कोई लेकर आता है समय गिनती का,

ज़िंदगी क्या है चंद लम्हों की जागीर है,
यहाँ उत्तम बनना ही सबसे बड़ी कमाई है,
खुद के दायरों से हमें खुद ही है जीतना,
तभी तो बनेगा सफर यकीन का।